ADDITION
AU TRAITÉ D'ACCOMPAGNEMENT ET DE COMPOSITION PAR LA RÉGLE DE L'OCTAVE;

Où est compris particuliérement le Secret de l'accompagnement du Théorbe, de la Guitare & du Luth.

AVEC

La maniére de transposer instrumentalement, & de solfier facilement la Musique vocale sans l'usage de la Gâme.

Par le Sieur CAMPION, Professeur-Maître de Théorbe, & de Guitare, de l'Académie Royale de Musique.
Oeuvre IV.

A PARIS,

Chés
La Veuve RIBOU, devant la Comédie Françoise.
Le Sieur BOIVIN, à la Régle d'Or, ruë Saint Honoré.
Le Sieur LE CLERC, à la Croix d'Or, ruë du Roule.
L'Auteur ruë des Fossés Montmartre.
Et à la Porte de l'Opéra.

MDCCXXX.

AVEC APPROBATION ET PRIVILEGE DU ROY.

ADDITION
AU TRAITÉ
D'ACCOMPAGNEMENT
ET DE COMPOSITION
Par la Régle de l'Octave.

LA régle de l'Octave a été si bien reçûë du Public, que je me sçai bon gré de l'avoir mise au jour. Effectivement, il y a peu de Maîtres qui n'ayent adopté cette maniére sensible, & abbregée d'enseigner l'accompagnement, étant le moyen le plus prochain de parvenir. Eh quoi! (disoit M. Clerambault, au moment qu'il conçût cette régle) je disois de la prôse, sans sçavoir que ce fût de la prôse.

Je me flatte que cette addition sera aussi agréable au Public que sa premiére partie.

ONUS ARTE LEVATUR.

Je prétens donner aujourd'hui au Public, le secret de l'accompagnement du Théorbe, de la Guitare, & du Luth; & aussi des instrumens qui ont des [a] touches sur le manche. Tout le monde convient du charme de la corde à boyau, & les Clavecinistes rendent justice aux beaux

[a] Cordes qui embrassent le manche.

sons qu'elle produit sur ces instrumens ; mais chacun est rebuté de leur difficulté ; & c'est avec raison : puisque les anciens ont prétendu enseigner l'accompagnement par a, b, c, ou par quelque méthode aussi obscure. Je vais aujourd'huy rendre ces instrumens si faciles, que je ne doute point que le Public ne revienne de sa prévention. Je parle aux Studieux ; car tous les autres sont exclus des sciences.

Dans ma régle tout est nombre & raison ; c'est par le chiffre que l'on opére, & non par la nomination de la notte qui en est une dérivation. Pour faire une 3 ce ou 6 te sur le clavecin, il faut sçavoir le nom de la notte, c'est une opération double : & par le secret que je vais vous donner sur nos instrumens, vous irez droit au chiffre. C'est en quoy conciste notre abbregé.

J'ay fait mistére de ce secret dans mon Traité d'accompagnement ; mais étant seul qui le posséde, je me fais un scrupule d'en priver la Postérité. C'est le secret que m'a donné l'illustre M. de Maltot mon prédécesseur en l'Académie Royale de Musique. Il l'a inventé, & m'en a fait dépositaire. *Cum denegatur nobis diù vivere, relinquamus aliquid quo nos vixisse testemur.*

Je commencerai par le Théorbe, en quoy est comprise la Guitare ; car, qui sçait selon mes principes accompagner du Théorbe, doit accompagner de la Guitare, avec quelques observations du fort au foible.

THÉORBE.

Quoique le Théorbe aït quatorze cordes, nous n'en connoissons que trois, sur lesquelles nous raisonnons trois points seulement, tout le reste y est relatif.

Systême

SYSTÊME DE LA QUATRIÉME CORDE.

Quand on fait accord sur la quatriéme corde, on dit

3^{ce} *majeure* 6te *majeure & * 2de *majeure*

C'est à dire que les accords, qui commenceront par la quatriéme corde, seront soumis à cette régle ; & pour plus grande intelligence ; touchez, ou pincez la quatriéme corde du poulce, avec la troisiéme corde du premier doigt ; vous direz 3^{ce} maj^{re}. Touchez la quatriéme corde, toujours du poulce, avec la seconde corde ; vous direz 6te maj^{re}. Touchez enfin la quatriéme corde du poulce, avec la premiére corde ; vous direz 2de maj^{re}, ce qui collige 3^{ce} *maj^{re}* 6te*maj^{re}* & 2de *maj^{re}*.

Cette régle étant ainsi à ouvert, c'est-à-dire sans mettre aucun doigt sur le manche de la main gauche, on doit comprendre qu'à chaque touche du manche, ou semiton, la régle y est & s'y dit : puisqu'en promenant indifféremment le premier doigt couché ou barré (que nous appellons sillet ambulant) sur toutes les touches, y en eût-il mille, la régle s'y dit.

3^{ce} *maj^{re}* 6te *maj^{re}* & 2de *maj^{re}* sont donc les ouvriers qui se métamorphoseront en toute l'harmonie dont aura besoin la quatriéme corde. Si vous allez par un doute ridicule tâter si c'est un mi, ou un fa, qui fait la 5te ou la 6te vous perdez le fruit de nôtre régle. Le chiffre * est notre unique langage ; il le faut indispensablement sçavoir par cœur avant de rien entreprendre : si vous manquez à cette nécessité, prenez-vous en à vous même, si vous n'entrez pas dans l'intelligence. Le chiffre est plus sur que la nomination des nottes, qui est une dérivation du nombre, & par consequent opération double. On n'a pas besoin de grande musique avec cette régle ;

* Traité d'accompagnement, fol. 8.

pourvû que l'on ſçache lire la notte eſſentielle; c'eſt-à-dire la notte écrite, l'accompagnement eſt chiffre.

Thême du Sol, sur la quatrieme Corde.

Détail des accords.

1	2	3	4	5	6	7	8	9	10	11	12
♭3 8 5	4 2 ♭6	♭3 ♭6 5̸	♭3 8 5	4 8 ♭6	x3 8 5	x3 ♭7 5	4 8 ♭6	♭3 x6 4	2 x7 4	♭3 8 5	2 x6 x4
	2	5̸	♭	♭6 4	x	7 x	♭6 4	x6	x7	♭	x4

Voilà une quantité d'harmonie qui eſt comme un aſſemblage de matériaux à travailler pour bâtir enſuite. C'eſt la maniére de compoſer un accord. La régle de l'Octave vous apprendra à en faire choix, & à le placer. Le deſſus de la notte eſt chiffré en détail, & le deſſous eſt comme on les trouve ordinairement dans toutes les muſiques, c'eſt-à-dire d'obligation; puiſqu'un chiffre ſuffit ſouvent pour un accord entier. Nous ne répéterons point dans les autres points d'Orgue ce deſſous, étant le même par tout. Remarquez, en régle générale, que le Diéze & le Bémol doivent ſe mettre devant le chiffre comme devant la notte.

Commençons donc notre opération & rappellons notre regle; 3ce *majre*. 6te *majre*. & 2de *majre*.

DÉCLINAISON DES ACCORDS.

I. 3ce majre donnera la 5te

a ouvert

3^{ce} maj^{re} a ouvert. 4te à la premiére touche, 4re $maj.^{re}$ à la seconde touche, & 5te â la troisiéme touche; du troisiéme doigt.

7te maj^{re} donnera l'$o\&^{ve}$. 6te maj^{re} a ouvert. 7me min^{re} à la premiére touche, 7me maj^{re} à la seconde touche. Et 8^{ve}. à la troisiéme touche du petit doigt.

2de maj^{re} donnera la 3^{ce} min^{re}. 2de maj^{re} a ouvert, & 3^{ce} min^{re} à la premiére touche du premier doigt, que vous poserez du corps du doigt, & non de la pointe: & vous annoterez cette position très-utile pour les bémols, & diézes de la premiére touche, & autres. C'est ce doigt qui est fillet ambulant.

Régle générale pour le choix des doigts de la main gauche, pour le Théorbe, Luth, & Guitare.

Le premier doigt régne à la premiére touche; le second doigt lui est auxiliaire.

Le second doigt régne à la seconde touche; le premier, & le troisiéme lui sont auxiliaires. Le poulce doit être derriere le manche opposé à ce second doigt.

Le troisiéme & petit doigt, régnent à la troisiéme & quatriéme touche, selon leur plus grande proximité, & que le bon sens le demande. Quand la main se transporte plus bas, elle garde toujours le même ménagement, ainsi qu'on le connoît par l'experience & la raison.

^{ce} maj^{re} 2. Donnera la 6te min^{re}. 3^{ce} maj^{re} a ouvert; 4te à la premiére touche, 4te maj^{re} à la seconde touche, 5te à la troisieme touche, & 6te min^{re} à la quatriéme touche, du second doigt.

^{e} maj^{e} Donnera la 2de maj^{re}. 6te maj^{re} a ouvert, 7me min à la premiére touche, 7me maj^{re} à la seconde touche, 8^{ve} à la troisiéme touche, 2de min^{re} à la quatriéme tou-

che & 2de maj^{re} à la cinquiéme touche, du petit doigt.
2de maj^{re} donnera la 4te. 2de maj^{re} a ouvert, 3^{ce} min^{re} à la premiére touche, 3^{ce} maj^{re} à la ſeconde touche, & 4te à la troiſiéme du premier doigt, a demi couché; c'eſt-à-dire du corps du doigt, tout prêt à barrer, ou coucher pour l'accord ſuivant.

Obſervez à la rigueur de ne point lire ce raiſonnement que l'Inſtrument à la main, & que ce ſoit à haute voix, ainſi qu'ordonnent les Grammairiens judicieux d'apprendre les Langues étrangeres; & jamais, comme je l'ai dit, ſans ſçavoir par cœur la nomination ſimple des chiffres montant, & deſcendant page 8. de mon Traité. Celà eſt ſi eſſentiel que j'en ai vû ratter cet accompagnement, faute de cette précaution.

3. Je ſuſpens ordinairement aux commenceans le raiſonnement de cet accord, parce qu'il appartient au ſyſtême de la cinquiéme corde, ſur laquelle le fa diéze ſe trouve; & que c'eſt expoſer un écolier au dégoût, & à la confuſion en cette matiére qui ne laiſſe pas d'être abſtraite. Nous en parlerons au Thême du fa diéze, article 3. Article 4. comme le premier.

5. Accord appellé ordinairement, 4te & 6te, on y y ajoûte l'8^{ve}.
3^{ce} maj^{re} donne 4te à la premiére touche, 4te maj^{re} à la ſeconde touche, 5te à la troiſiéme touche, & 6te min^{re} à la quatriéme touche, du troiſiéme doigt, ou du petit. Le troiſiéme eſt préferable, parce qu'il ne doit point ſortir de la corde pour l'accord ſuivant,
6te maj^{re} donne 7me min^{re} à la premiére touche, 7me maj^{re} à la ſeconde touche, & 8^{ve} à la troiſiéme touche du premier doigt.
2de maj^{re}, donne 3^{ce} min^{re} à la premiere touche, 3^{ce} maj^{re} à la ſeconde

touche, & 4te à la troisiéme touche, du second doigt.

6. Cet accord est appellé accord parfait,

3^ce^ maj^re^ donnera la 5te comme au premier accord, article I.

6te maj^re^ donnera l'oct^ve^ comme au premier article.

2de maj^re^ donnera 3^ce^ min^re^ à la premiére touche, & 3^ce^ maj^re^ à la seconde touche, du second doigt.

7. Avec l'accord parfait, on trouve souvent la 7me min^re^ qui détermine ordinairement à descendre de 5te ou à monter de 4te comme dominante.

3^ce^ maj^re^ donne 5te comme a l'article I.

6te maj^re^ donne 7me min^re^ à la premiére touche du premier doigt,

2de maj^re^ donne 3^ce^ maj^re^ ainsi qu'à l'accord précédent.

Si nous pouvions faire la 5te nous l'y metterions; mais dans cet Instrument, comme dans les autres, nous supprimons souvent une partie en faveur de la main posée, pour éviter le fréquent déplacement de main qui coupe la liaison de l'harmonie; car la beauté de l'accompagnement, sur nos instrumens, conciste à ne point gambader la main du haut en bas du manche le moins qu'on peut.

8. Le même qu'article 5.

3^ce^ maj^re^ 9. Donne 4te à la premiére touche du premier doigt.

6te maj^re^ est naturellement mise par la régle du systême de la quatriéme corde: par consequent rien à changer.

2de maj^re^ donne 3^ce^ min^re^ à la premiére touche, du second doigt.

10. Cet accord s'appelle 7me maj^re^. Il y en a qui l'appellent 7me superfluë.

3^ce^ maj^re^ donne 4te a la premiére touche, du premier doigt.

6te maj^re^ donne 7me min^re^ a la premiére touche, & 7me maj^re^ à la seconde touche, du second, ou troisiéme doigt.

2de maj^re^ donnée par la régle.

Nous supprimons dans cet accord la 6te min^re^ par impuissance de la mettre.

11. Comme l'article 1.

12. appellé triton.

3ce majre donne 4te à la premiére touche, & triton à la seconde touche, du second doigt.

6te majre donnée par la régle.

2de majre donnée par la régle.

Voilà notre maniére de raisonner l'accompagnement. Ne quittez pas ce point d'orgue sans le sçavoir parfaitement : c'est la même raciocination pour tous les autres. Si vous ne pouvez pas en venir a bout, je vous conseille de renoncer aux autres.

POINT D'ORGUE DU LA, OU MESME HARMONIE SUR LE LA.

Soyez icy attentif & l'instrument à la main.

La, seconde touche de la quatriéme corde du second doigt. Rappellez ici la régle du sistême de la quatriéme corde, & dites, (ayant le second doigt sur le la, & mettant le troisiéme doigt sur la seconde touche de la troisiéme corde) 3ce majre : puis mettant le même troisiéme doigt sur la seconde corde, dites 6te majre : & mettant enfin le même troisiéme doigt sur la seconde touche de la premiére corde, dites 2de majre ce qui collige notre sistême 3ce *majre* 6te *majre* & 2de *majre*. Concevez avec attention, qu'a l'endroit où est la notte essentielle ; c'est-à dire la notte qui reçoit accord, nôtre régle s'y dit : & que, quand la corde auroit mille touches, la régle s'y diroit à chacune C'est en quoi conciste nôtre secret, que je veux bien vous donner aujourd'hui sans reserve ; & je veux rendre ces instrumens pratiquables par leur facilité.

Je prétens même aujourd'hui qu'un Virtuose le puisse apprendre seul avec mes principes, comme j'en ai trouvé qui ont appris l'accompagnement du Clavecin avec mon Traité. Revenons

Revenons donc au point d'Orgue du la, & souvenez-vous que la régle 3ce *majre*. 6te *majre*. *&* 2de *majre*. est à la seconde touche, & procédons au premier accord.

Théme du la sur la quatrieme corde.

1	2	3	4	5	6	7	8	9	10	11	12
8	2	5̸	8	8	8	8	8	♭3	2	8	2
5	♭6	♭6	5	♭6	5	♭7	♭6	×6	×7	5	×6
♭3	4	♭3	♭3	4	×3	×3	4	4	4	♭3	×4

La, seconde touche de la quatriéme corde du second doigt. Ayez toujours le doigt dessus, tandis que vous faites votre décompte.

ce majre à la seconde touche de la troisiéme corde, donnera 3ce minre. à la premiére touche du premier doigt.

Nous avons icy la puissance de rétrograder nos chiffres, ce que nous ne pouvions pas faire sur le sol, parce qu'il est au sillet; mais, quand la notte est au milieu du manche, nous décomptons d'un costé, & d'autre du manche pour trouver nos chiffres, ainsi que vous allez voir.

e majre à la seconde touche de la seconde corde, donnera 6te minre. à la premiére touche, & 5te à ouvert ou au sillet.

le majre à la seconde touche de la premiére corde donnera 2de minre à la premiére touche, & 8ve, ou au sillet.

2 Cet accord s'appelle 4te & 2de.

e maj e donne 4te à la troisiéme touche du petit doigt.

e majre donne 6te minre. à la premiére touche du premier doigt.

2de maj^{e} est donnée par la régle du second doigt.

3 Sol diéze, à la premiére touche de la quatriéme corde. La régle icy change de scituation avec la notte, & se trouve être à la premiére touche. *Ayés attention.*

3^{ce} maj^{re} à la premiére touche de la troisiéme corde, donne 3^{ce} min^{re} a ouvert.

6te maj^{re} à la premiére touche de la seconde corde, donne 6te min^{re}. a ouvert, & la fausse quinte est donnée par la 3^{ce} maj^{re}, en pinçant ou harpégeant la fausse quinte après la 3^{ce} & la 6te.

3^{ce} maj^{re} à la premiére touche de la troisiéme corde, 4te à la seconde touche, & fausse quinte à la troisiéme touche du petit doigt. C'est la maniére ordinaire de toucher le sol diéze avec fausse quinte : cependant nous le mettons autrement après l'accord de 4te. & 2de. Nous laissons les doigts qui ont fait 4te. & 2de. & nous mettons le sol diéze du premier doigt ; & sans autre mouvement, la 4te. de l'accord précédent, devient fausse quinte & la 2de. 3^{ce} min^{re}. ; parce que la régle est à la premiére touche. Nous suprimons ici la 6te min^{re}.

4 C'est le même qu'article 1.

3^{ce} maj^{re} 5 Donne 4te. à la troisiéme touche du petit doigt.

6te maj^{re} donne 6te min^{re}. à la premiére touche, du premier doigt.

2de maj^{re} donne 2te min^{re}. à la premiére touche, & unisson ou 8^{ve}. à ouvert.

6 Cet accord ne différe du premier que par la 3^{ce}. maj^{re}. au lieu de la min^{re}. la régle la donne à la seconde touche du troisiéme doigt. Quand le premier doigt fait le la ; c'est le second qui fait la 3^{ce} maj^{re}.

3^{ce} maj^{re} 7 Donnée par la régle du 3me. doigt.

6e maj^{re} donne 7me min^{re} à la troisiéme touche de la seconde corde du petit doigt.

donne

2de majre donne 2de minre. à la premiére touche, & 8ve á ouvert. Nous suprimons la 5te. impossible.

8 Même article que 5.

9 Nous suprimons souvent la 4te dans cet accord pour la commodité de la main.

3ce majre donne 3ce minre á la premiére touche du premier doigt.

6te majre donnée par la régle, du troisiéme doigt à la seconde touche.

2de majre donne 2de minre á la premiére touche, & 8ve á ouvert. Nous y mettons l'8ve qui ne gâte rien, & que la commodité nous donne. Quand on ne veut rien suprimer, il faut mettre le la du premier doigt.

3ce majre donne 4te à la troisiéme touche, du second doigt.

6te majre donnée par la régle du troisiéme doigt.

2de majre donne 3ce minre à la troisiéme touche du petit doigt. L'autre accord est préférable dans l'exécution.

10 Pour faire cet accord il faut coucher ou barrer le premier doigt tout de son long sur la touche du la où est la régle.

3ce majre donne 4te. à la troisiéme touche du second doigt.

6te majre donne 7me minre à la troisiéme touche, & 7me majre à la quatriéme touche du petit doigt.

2de majre donnée par la régle. Nous suprimons la 6te minre impossible dans cet accord.

11 Même qu'article 1.

12. Il faut coucher le doigt de même qu'article 10.

3ce majre donne 4te. à la troisiéme touche, & triton à la quatriéme touche du petit doigt.

6te majre donnée par la régle.

2de majre donnée par la régle.

THÉME DU SI.

Prenez pour le ſi, les mêmes chiffres que ceux du la. Si, eſt à la quatriéme touche de la quatriéme corde. C'eſt donc dans cette quatriéme touche que ſe dira, 3^{ce} *maj*^{re} 6te *maj*^{re} & 2de *maj*^{re}, ainſi que vous l'avez dit ſur le la. Il faut toujours avoir en vuë l'endroit où eſt la notte eſſentielle. C'eſt là, pour ainſi dire, qu'eſt la premiére pointe du compas.

Ce théme eſt le même travail que vous avez fait ſur le la ; ce ſont les mêmes images ; mais il eſt pénible pour la main. C'eſt un chef-d'œuvre. Celui qui l'execute facilement peut ſe vanter d'avoir toute diſpoſition pour les autres, n'y en ayant pas de plus difficile. Avec un peu de tems & de travail, la main s'y habituë.

1 Si du troiſiéme doigt,

3^{ce} maj^{re} à la quatriéme touche de la troiſiéme corde, donne 3^{ce} min^{re} à la troiſiéme touche du ſecond doigt. Puis on couche ou l'on barre le premier doigt dans la ſeconde touche, où la ſeconde corde fait 5te & la premiére 8^{ve}. *ainſi.*

6te maj^{re} à la quatriéme touche de la ſeconde corde, donne 6te min^{re} à la troiſiéme touche, & 5te à la ſeconde touche.

2de maj^{re} à la quatriéme touche de la premiére corde, donne 2de min^{re} à la troiſiéme touche, & 8^{ve} à la ſeconde touche.

Conſiderez que cette poſition eſt la même image du la ; & que vôtre doigt barré eſt ſillet ambulant.

2 Même image, & mêmes doigts que ceux du la, article 2.

3 Même raiſonnement & mêmes doigts que ceux du la, article 3.

4 Répé-

4 Répétition du premier.

5 Pénible pour la main, le premier doigt toujours couché ſur la ſeconde touche.

3^{ce} maj^{re} donne 4te à la cinquiéme touche du petit doigt.

6te maj^{re} donne 6te min^{re}. à la troiſiéme touche du ſecond doigt.

2de maj^{re} donne 2de min^{re} à la troiſiéme touche, & 8^{ve} à la ſeconde touche, où eſt le doigt barré.

3^{ce} maj^{re} 6 eſt donnée par la régle, du petit doigt à la quatriéme touche de la troiſiéme corde.

6te maj^{re} donne 6te min^{re} à la troiſiéme touche, & 5te à la ſeconde touche de la ſeconde corde, où eſt le doigt barré.

2de maj^{re} donne 2de min^{re} á la troiſiéme touche de la premiére corde, & 8^{ve} á la ſeconde touche, où eſt le doigt barré. Mais quand cet accord eſt ſuivi du même avec 7me, on ſe ſert du ſecond doigt pour le ſi, du troiſiéme pour la 3^{ce} maj^{re}, afin de réſerver le petit doigt pour

7 la 7me en ſuprimant la 5te comme nous avons fait au la, article 7.

8 Le même qu'article 5.

9 Nous ſuprimons la 4te comme en l'article 9 du la.

3^{ce} maj^{re} donne 3^{ce} min^{re} á la troiſiéme touche du ſecond doigt.

6 maj^{re} donnée par la régle, du petit doigt.

10 C'eſt la même image que l'article 10 du la. Vous ôterez votre troiſiéme doigt de deſſus le ſi, & vous obſerverez que l'article 10 du la eſt poſé; & que, pour le même accord ſur le ſi, vous n'avez qu'á couler vôtre main dans la même attitude deux touches plus bas.

11 On remet la main comme au premier.

12 De même qu'á l'article du la. Mettez le triton du la, & couler votre main dans la même attitude deux touches plus bas.

Je n'ai plus rien à vous dire ſur cette quatriéme corde:

elle eſt épuiſée. Vous devez comprendre que les accords qui ſe trouvent plus bas dans le manche, ſont les images du ſi ; & je ne pourrois que vous répetter ce que je viens de vous dire, vû qu'il eſt indifférent, pour l'ouvrage de la main gauche, que le doigt barré ſoit haut ou bas. Nous avons le même travail à faire ſur la cinquiéme corde que nous venons de faire ſur la quatriéme.

SISTÊME DE LA CINQUIEME CORDE.

Quand on fait accord ſur la cinquiéme corde on dit

4te 6te *maj*^re^ 2de *maj*^re^ & 5te

Sans mettre aucuns doigts de la main gauche ſur le manche, touchez ré a ouvert de la cinquiéme corde avec la quatriéme corde, vous direz 4te touchez la même cinquiéme corde avec la troiſiéme corde, vous direz 6te maj^re^. touchez La même cinquiéme corde avec la ſeconde corde vous direz 2de maj^re^. Et touchez enfin la même cinquiéme corde avec la premiére, vous direz 5te. Ce qui collige nôtre ſyſtême de la cinquiéme corde.

4te 6te *maj*^re^, 2de *maj*^re^, & 5te.

Thême du ré sur la Cinquieme corde.

1	2	3	4	5	6	7	8	9	10	11	12
						b7			b6		
b3	b6	b6	b3	b6	x3	x3	b6	b3	2	b3	2
8	2	b3	8	8	8	8	8	x6	x7	8	x6
5	4	5	5	4	5	5	4	4	4	5	x4

donne

4te Donne à la premiére touche 4te maj^{re}. & à la feconde touche 5te, du fecond doigt.

6te maj^{re} Donne à la premiére touche 7me min^{re}, à la feconde che 7me maj^{re}, & 8^{ve} à la troifiéme touche du petit doigt.

2de maj^{re} donne 3^{ce} min^{re} à la premiére touche du premier doigt.

5te donnée par la régle.

4te 2. Eft donnée par la régle fur la quatriéme corde.

2de maj^{re} donnée par la régle fur la feconde corde.

5te donne à la premiére touche de la premiére corde 6te min^{re} du premier doigt. Choififfez vos quatre cordes, fans toucher la 6te maj^{re}, & pincez de quatre doigts de la main droite.

3. Cet accord étant du fyftême de la fixiéme corde, nous en fufpendons le raifonnement aux commençeans. Il fe fait par le fyftême de la fixiéme corde. La régle eft à la quatriéme touche où eft l'ut diéze.

4te ne nous fervira point.

7me min^{re} à la quatriéme touche de la quatriéme corde, 6te maj^{re} à la troifiéme touche, 6te min^{re} à la feconde touche, 5te à la premiére touche, & 5te à ouvert.

2de maj^{re} ne nous fervira point.

5te à la quatriéme touche de la feconde corde, donne 4te maj^{re} à la troifiéme touche, 4te à la feconde touche, 3^{ce} maj^{re} à la premiére touche, & 3^{ce} min^{re} à ouvert.

8^{ve} à la quatriéme touche de la premiére corde, donne 7me maj^{re} à la troifiéme touche, 7me min^{re} à la feconde touche, 6te maj^{re} à la premiére touche, & 6te min^{re} à ouvert. Choififfez quatre cordes de quatre doigts.

4. Répétition du premier accord.

4te 5. Eft donnée par la régle.

6te maj^{re} donne à la premiére touche de la troifiéme corde, 7me min^{re}, à la feconde touche 7me maj^{re}, & à la troifiéme touche 8^{ve}, du troifiéme doigt.

2de maj^{re} donne à la premiére touche de la seconde corde 3^{ce} min^{re} à la seconde touche 3^{ce} maj^{re}, & 4te á la troisiéme touche du petit doigt. La duplicité des chiffres ne nuit point.

5te donne à la premiére touche de la premiére corde, 6te min^{re}, que vous metterez du premier doigt à demi barré; c'est à-dire du corps du doigt, ainsi que vous le mettez à l'article premier du sol, auquel cet accord est relatif.

6. Le premier doigt à demi barré dans l'accord précédent, tombe de la pointe sur la 5te de celui-cy.

4te donne 4te maj^{re} à la premiére touche de la quatriéme corde, & 5te á la seconde touche.

6te maj^{re} l'8^{ve} de l'accord précédent reste du même doigt.

2de maj^{re} donne 3^{ce} min^{re} à la premiére touche de la seconde corde, & 3^{ce} maj^{re} à la seconde touche, du second doigt.

5te bonne. La régle la donne sur la premiére corde.

7. Tenez l'accord précédent; & la 5te doublée de la premiére corde vous donnera 7me min^{re}.

5te donne à la premiére touche 6te min^{re}, à la seconde tou- 6te maj^{r}, & à la troisiéme touche 7me min^{re} du petit doigt.

8. Même qu'article 6.

4te 9. Donnée par la régle sur la quatriéme corde.

6te maj^{re} donnée par la régle sur la troisiéme corde.

2de maj^{re} donne 3^{ce} min^{re} à la premiére touche de la seconde corde du premier doigt. Vous pouvez doubler la 6te si vous le souhaitez.

5te donne á la premiére touche de la premiére corde 6te min^{re}, & à la seconde touche 6te maj^{re} du troisiéme doigt.

Mais commencez á construire vos accords simples si vous m'en croyez. L'expérience & l'usage vous enseigneront assez á doubler vos chiffres, selon le tems qu'exigera la mesure; & parce que ces accords doivent être modéles de ceux que vous ferez ensuite sur la même corde, où il vous sera impossible de doubler.

4te donnée

4te 10. donnée par la régle ſur la quatriéme corde.
6te majre donne ſur la troiſiéme corde 7me minre á la premiére touche, & 7me majre á la ſeconde touche du ſecond doigt.
2de majre donnée par la régle ſur la troiſiéme corde.
5te donne 6te minre á la premiére touche, ſur la premiére corde, du premier doigt. Nous avons ſuprimé cette 6te minre ſur la quatriéme corde, par impoſſibilité, & nous la ſuprimerons ſouvent pour ne pas contraindre la main.

11. Comme le premier article.

4te 12. Donne triton à la premiére touche de la quatriéme corde du premier doigt.
6te majre donnée par la régle.
2de majre donnée par la régle.
5te même réflexion qu'à la 5te article 9. Doublez la 6te ſi vous voulez.

Théme du mi ſur la cinquieme corde.

1	2	3	4	5	6	7	8	9	10	11	12
8	4	b3	8	8	8	8	8	b3	2	8	2
5	2	b6	5	b6	5	b7	b6	x6	x7	5	x6
b3	b6	[illegible]	b3	4	x3	x3	4	4	4	b3	x4

Mi, notte eſſentielle, à la ſeconde touche de la cinquiéme corde, du ſecond doigt. C'eſt à cette ſeconde touche que va être nôtre regle. Barrez, ou couchez-y le premier doigt, & dites le ſyſtême.

4te. 6te *majre*. 2de *majre*. & 5te.

Les Sçavans me trouverront prolixe, de tant répéter la même choſe. Ce n'eſt pas que ce ſoit mon inclination; mais je veux donner mon secret, & desabuser les amateurs des beaux sons de ces instrumens, de leur prétenduë difficulté, & les pouvoir rendre communs par leur grande facilité A gens éclairés, mon tableau d'octaves suffit pour la maniére de placer un accord: & le point d'orgue, pour celle de le composer, par le secret que je vous donne. Venons au thême du mi.

4te 1. A la seconde touche de la quatriéme corde, donne 3^{ce} maj^{re} á la premiére touche, & 3^{ce} min^{re} á ouvert.

6te maj^{re} á la seconde touche de la troisiéme corde, donne 6te min^{re} á la premiére touche, & 5te á ouvert.

2de maj^{re} à la seconde touche de la seconde corde, donne 2de min^{re} á la premiére touche, & 8^{ve} á ouvert: Si l'air que l'on jouë est lent, on double la.

5te donnée par la régle á la seconde touche de la premiére corde du troisiéme doigt. Si l'air est de mouvement, on la suprime.

4te 2. Nous n'en faisons rien dans cet accord, la 4te se trouve plus facilement.

6te maj^{re} donne 6te min^{re} a la premiére touche, du premier doigt.

2de maj^{re} donnée par la régle a la seconde touche, du troisiéme doigt.

5te Donne 4te maj^{re} a la premiére touche de la premiére corde, & 4te a ouvert : quatre doigts, quatre cordes.

3 Ré diéze, du premier doigt; étant a la premiére touche de la cinquiéme corde, la régle s'y dit.

4te A la premiére touche de la quatriéme corde, donne faússe quinte a la seconde touche, du second doigt.

6te maj^{re} a la premiére touche de la troisiéme corde, donne 6te min^{re} a ouvert.

2de maj^{re} a la premiére touche de la seconde corde, donne 3^{ce} min^{re} a la seconde touche du troisiéme doigt.

5te A la

5te A la premiére touche de la premiére corde, donne fausse quinte a ouvert.

4. Comme le premier.

4te 5. Donnée par la régle, à la seconde touche de la quatriéme corde, du troisiéme doigt.

6te maj^{re} donne 6te min^{re} a la premiére touche de la troisiéme corde, du premier doigt.

2de maj^{re} donne 2de min^{re} a la premiére touche de la seconde corde, & 8^{ve} á ouvert, ou au fillet.

5te Donne 4te maj^{re} á la premiére touche de la premiére corde, & 4te á ouvert.

6. Cet accord ne differe du premier, que de la 3^{ce} maj^{re} qu'il faut dans celuy-cy.

7. En tenant l'accord précedent, au lieu de la 5te que vous supprimerez, vous metterez la 7me min^{re} du petit doigt : la 6te maj^{re} vous la donnera á la troisiéme touche.

8. même qu'article 5.

4te 9 Donne 3^{ce} maj^{re} á la premiére touche & 3^{ce} min^{re} a ouvert.

6te maj^{re} donnée par la régle, du troisiéme doigt.

2de maj^{re} donne 2de min^{re} à la premiére touche, & 8^{ve} à ouvert, qui n'y nuit point.

5te donne 4 maj^{re} à la premiére touche, & 4te à ouvert.

10. Barrez le premier doigt dans la touche du mi

4te donnée par la regle.

6te maj^{re} donne 7me min^{re} à la troisiéme touche, & 7me maj^{re} à la quatriéme touche, du petit doigt.

2de maj^{re} donnée par la régle. Nous supprimons la 6te min^{re} qui contraindroit la main.

11. comme le prémier.

12. Barrez comme à l'article 10.

4te donne triton à la troisiéme touche du second doigt.

1re maj^re^ donnée par la régle.

2de maj^re^ donnée par la régle. La 5te ne nous sert point dans cet accord.

THÊME DU FA DIÉZE.

Il nous est indifferent de prendre ici le fa, comme le fa diéze : comme nous aurions pû prendre le si bémol sur la quatriéme corde, au lieu du si que nous avons pris. La seule considération que j'ai eû en celà, est pour mieux accoûtumer la main gauche au travail, qui trouveroit un peu plus de difficulté pour coucher le doigt dans la premiére touche que dans la seconde, la corde y étant plus dure ; au reste, quand le doigt est une fois barré pour un point d'orgue, les autres, en quelque touche qu'ils se trouvent de la corde, en font les images, y eut-il dix mille touches, comme nous l'avons dit. Vous ne devez pas manquer de vous convaincre de cette verité, aussitôt que vous serez parvenu à faire le point d'orgue du si sur la quatriéme corde, & celui-ci sur la cinquiéme corde, afin que vous connoissiez à fond notre opération. Promenez indifféremment votre premier doigt barré sur toutes les touches jusqu'au bas du manche, vous avouerez pour lors que c'est un secret que je vous donne, & que vous auriez un travail pénible, & incertain par la nomination des nottes de musique, à cause de la confusion du bémol & du diéze, dont l'espece mineure ou majeure vous est déterminée juste ici par la nomination du chiffre en quelque octave que ce soit.

J'ai eu beaucoup d'écoliers de Théorbe, & de guitare, qui, en trois mois, n'avoient plus besoin de mes leçons. Aussi ai je coûtume de dire que notre accompagnement est trop aisé ; & j'avouë que c'est la seule raison qui m'a

empêché

empêché de le donner dans mon premier Traité d'accompagnement, qui est moins pour le Théorbe que pour le Clavecin duquel j'ai la theorie, & pratique suffisantes.

1. Fa diéze, image du mi, prenez-en les chiffres, Couchez votre premier doigt à la seconde touche, quand vous aurez mis fa diéze sur la quatriéme touche de la cinquiéme corde du troisiéme doigt, & raisonnez l'accord comme á l'article 1 du théme du mi.

2. Image du mi, article 2. Votre premier doigt, étant barré, les trois autres font le reste par le même raisonnement.

3. Mi diéze á la troisiéme touche de la cinquiéme corde, du second doigt. La régle est á présent á la troisiéme touche

4te á la troisiéme touche de la quatriéme corde, donne ♯ á la quatriéme, touche du second doigt.

te maj.e á la troisiéme touche de la troisiéme corde, donne 6te minre á la seconde touche, où est le doigt barré.

de majre á la troisiéme touche de la seconde corde, donne 3ce mine á la quatriéme touche du petit doigt.

5te á la troisiéme touche de la premiére corde, donne ♯ à la seconde touche de la premiére corde, où est le doigt barré.

Cet accord est modéle de l'article 3 thême du sol que nous avons differé. Le même raisonnement se fera sur le fa diéze, & la même attitude.

4 Comme le premier.

4te 5. donnée par la régle, sur la quatriéme corde, du troisiéme doigt.

e maj rel donne 6te minre à la troisiéme touche, du second doigt.

e maj.e donne 2de minre à la troisiéme touche, & 8ve à la seconde touche où est le doigt barré.

5te donne 4te majre à la troisiéme touche, & 4te à la seconde touche.

6 Cet accord ne différe du premier que par la 3ce majre ainsi même raisonnement.

7. Tenez l'accord précedent, &, supprimant la 5te que vous a donné 6te majre, mettez 7me minre à la cinquiéme touche du petit doigt.

8. comme l'article 5.

4te 9. donne 3ce majre à la troisiéme touche, & 3ce minre au doigt barré.

6te majre donnée par la régle, du petit doigt.

2de majre donne 2de minre à la troisiéme touche & 8ve au doigt barré. Ladite 8ve ne nuit point.

5te donne 4te majre à la troisiéme touche, & 4te au doigt barré.

10. Mettez l'accord de l'article 10. du thême du mi, & descendez votre main dans la même attitude deux touches plus bas.

11. Comme le premier si l'on veut; mais, je préfére ici son sinonime qui est un image de l'article 1. du thême du ré.

4te donne 4te majre à la cinquiéme touche, & 5te à la sixiéme touche du second doigt.

6te majre donne 7me minre à la cinquiéme touche, 7me majre à la sixiéme touche, & 8ve à la septiéme touche du petit doigt.

2de majre donne 3ce minre à la troisiéme touche, du second doigt.

5te bonne, donnée par la régle.

12. Mettez l'accord de l'article 12. du thême du mi, & descendez ainsi la main deux touches plus bas.

Voilà la cinquiéme corde épuisée; puisque le bas du manche configure ses accords comme le fa diéze; il n'est point d'accords que vous ne puissiez y composer dans le besoin

soin. Venons à la sixiéme corde & donnons un seul thême, les autres se figurant sur celui du la sur cette corde.

Théme du la sur la sixiéme corde.

1	2	3	4	5	6	7	8	9	10	11	12
						♭7			♭6		
♭3	♭6	5	♭3	♭6	x3	x3	♭6	♭3	2	♭3	x6
8	2	♭6	8	8	8	8	8	x6	x7	8	x4
5	4	♭3	5	4	5	5	4	4	4	5	2

SYSTÉME DE LA SIXIÉME CORDE.

Quand on fait accord sur la sixième corde, on dit ; 4te. 7me *min*^{re}. 2de *maj*^{re} 5te *&* 8^{ve}.

4te 1. Donne 5te à la seconde touche.

7me min^{re} donne 8^{ve} á la seconde touche.

2de maj^{re} donne 3^{ce} min^{re} á la premiére touche.

5te donnée par la régle.

8^{ve} donnée par la régle. Nous pouvons désormais abbréger nôtre discours dans la construction des accords.

4te 2. donnée par la régle.

7me min^{re} ne sert point.

2de maj^{re} donnée par la régle.

5te donne la 6te min^{re} à la premiére touche. Quatre doigts, quatre cordes.

Il y a de l'art pour toucher les accords. Le poulce, ayant touché la notte essentielle, les autres doigts doivent faire une batterie en remontant & multipliant alternativement l'accord, à moins que les cordes ne soient séparées comme dans cet article C'est pour celà que je donne toujours une douzaine de leçons de Guitare, à ceux qui se destinent à l'accompagnement du Théorbe.

3. Observez la nécessité d'avoir la septiéme & huitiéme corde sur le sillet du petit jeu pour l'accompagnement (qu'on appelle communément Théorbe à la Maltot) Celà est d'un grand secours, tout le long du manche, pour les diézes & bémols. Ainsi vous poserez le premier doigt sur le sol diéze de la septiéme corde : Le raisonnement s'en fait de même que s'il étoit sur le sol diéze de la quatriéme corde. Voyez l'article 3 du premier thème du la. Souvenez-vous que nous avons dit dans notre abbregé que nous ne connoissons que trois cordes sur lesquelles nons raisonnons l'harmonie, & que toutes les autres cordes y sont relatives.

4. Comme le premier.

5. Mettez l'accord du théme du ré, article 1er & touchez vos six cordes. Décomptez le tout.

4te 6. Donne 5te du premier doigt.

7me min^{re} donne 8^{ve} du même premier doigt, inclinant la pointe.

2de maj^{re} donne 3^{ce} maj^{re} du second doigt.

5te bonne.

8^{ve} bonne.

7 Tenez l'accord précedent ; &, au lieu de la seconde 5te faites-en 7me min^{re} du petit doigt.

8. Comme l'article 5.

9. Comme l'article 9 du théme du la sur la quatriéme corde ; décomptez, tout est bon.

4te 10 donnée par la régle.

7me min^{re} donne 7me maj^{re} à la premiére touche du premier doigt.

2de maj^{re} donnée par la régle.

5te donne 6te min^{re} à la premiére touche du second doigt.

11 Comme le premier.

12. Mettez l'article 6 du théme du ſi, ſur la quatriéme corde. Touchez cinq cordes, ſçavoir, le la, á la ſeconde touche de la ſeptiéme corde, où eſt vôtre doigt barré, & relevez les quatre premiéres cordes. Décomptez le tout. Nottez qu'il faut que le Théorbe ſoit á la Maltot, c'eſt-à-dire que les ſeptiéme & huitiéme cordes ſoient dans le petit jeu comme nous avons dit.

Vous devez être á preſent conſommé dans la maniére de compoſer un accord. Je ne pourrois que faire des redites ennuieuſes & fatiganres Toutes les autres cordes ſont relatives á celle-là. Qui ſçait faire les points d'orgue mineurs, pourra bien les faire majeurs, y ayant moins de variété en majeur qu'en mineur. C'eſt pourquoi je n'en parlerai point, étant même opération, Je n'ai déja été que trop prolixe.

Aprés cet ouvrage, vous pourrez conſtruire vos octaves, & commencerez par les plus ordinaires. Sur le Théorbe, vous commencerez par l'octave du la mineur que vous conduirez l'étendue du manche, ainſi que les autres; c'eſt-à-dire juſqu'au mi de la quatriéme corde. Mais avant de rien commencer, c'eſt une néceſſité indiſpenſable d'apprendre par cœur la page 21 de mon Traité.

Aprés l'octave du la, vous irez à celle du mi mineur, du ré mineur, du ſol mineur, de l'ut mineur, & du ſi mineur.

Aprenez enſuite la page 20 du Traité; puis parcourez les octaves majeures par ut, ſol, ré, la, fa, & ſi bémol. Les autres plus extraordinaires ſeront faciles enſuite. Nottez qu'on peut ſe reſtraindre á un petit nombre d'octaves pour accompagner de la muſique ordinaire & facile.

Lorſque vous aurez étudié chaque octave en particulier, vous ne devez pas manquer de la terminer par ſa finale. Cette habitude eſt très profitable. Quand vous ſerez deſcendu á la derniére notte, vous ferez la quatriéme de l'octave en montant; puis vous préparerez la finale ſur la cinquiéme du ton par 4te 5te & 8^{ve}, ou par 4te 6te min^{re}, ſi c'eſt en ton mineur, ou 6te maj^{re} ſi c'eſt en ton majeur, & 8^{ve}. (Il eſt de l'exactitude du Compoſiteur de chiffrer lequel de ces deux, doit préparer la finale) l'octave de cette cinquiéme du ton, qui fait la ſeconde partie de cette finale, pour concluſion reçoit 3^{ce} maj^{re} 5te 7me min^{re} & 8^{ve}. & la premiére du ton termine le tout.

Quelquefois dans les muſiques vives ou non, on ne prépare point la finale. De la cinquiéme du ton, ſans aller á ſon octave, on tombe bruſquement ſur la premiére du ton : en ce cas, on fait 3^{ce} maj^{re} 5te. 7me min^{re} & 8^{ve}.

Vous connoitrez quel doit être nôtre raiſonnement & l'aplication de ce que nous avons dit, dans le théme d'une baſſe continuë, & vous verrez l'utilité & la néceſſité de ſçavoir dans quelle octave on eſt, & á combien du ton.

Un Curé Virtuoſe du Pays de Caux - Normandie, éloigné de tous maîtres, & qui a appris ſeul l'accompagnement du Clavecin avec mon Traité, a très-judicieuſement remarqué qu'un pareil Thême y manquoit.

J'ai dit ci-devant qu'on pouvoit ſe reſtraindre á un petit nombre d'octaves pour accompagner de la muſique facile. Par exemple. Qui ſçaura ſix octaves, ſçavoir le la mineur, le mi mineur, le ré mineur, l'ut majeur, le ſol majeur & le fa majeur, pourra accompagner la Scéne de Sangaride de l'Opera d'Atis & autres muſiques en la mineur.

Les commenceans feront accord sur la premiére de deux noires, & passeront la seconde noire sans accord. Toutes les blanches reçoivent accord.

1. Cette 7me n'est autre chose que le premier accord de l'octave du la sur le fa. Décomptez-le. Il se sauve sur la seconde partie de cette notte par l'accord ordinaire á la sixiéme du ton en descendant.

2 Quoique nous ayons dit qu'on ne fait accord que sur la premiére noire, nous exceptons ces sortes de finales.

3 Jusqu'á cet article nous n'avons point sorti de l'octave du la, où je n'ai mis que les chiffres nécessaires, c'est-á-

dire qui déguiſent l'ordinaire de ceux de l'octave.

Notez bien que les Compoſiteurs qui voudront être exacts & s'épargner de la peine, ne chiffreront que les changemens d'octaves, & les chiffres extraordinaires á la régle de l'octave : parce qu'il ſuffit d'éclairer l'accompagnateur en lui indiquant l'octave où il entre, par un chiffre nouveau qui ôte la conſequence du chiffre paſſé, ainſi que je fais ici par le diéze ſur le ſi qui eſt le caractére de la cinquiéme du ton, & qui annonce par conſéquent l'octave du mi mineur, laquelle ſe pourſuit juſqu'ál'article ſuivant.

4. Ce diéze caractére de la cinquiéme du ton, comme nous l'avons dit, nous fait rentrer en la, que nous ſuivons juſqu'á l'article ſuivant.

5. Ce diéze eſt cinquiéme de l'octave du ſol dans laquelle nous entrons.

6. Nous en ſortons ici par la tenuë qui paſſe du ſol ſur le fa. Cette tenuë, qu'il faut bien remarquer dans les chiffreurs exacts, tient lieu de chiffre, & fait ici comme ſi l'on avoit chiffré le triton ſur le fa ; car quoiqu'on ne faſſe pas d'accord, ainſi que nous avons dit, ſur la ſeconde noire, on tient néantmoins harmonie ſur la notte qui ne reçoit point accord, & ne laiſſe pas de tirer conſéquence comme vous voyez ici ſur ce fa, qui, par ce triton, nous fait entrer dans l'octave de l'ut que nous continuons juſqu'á l'article ſuivant.

7. Cette 7me eſt un qui va là, qui donne de l'attention pour ſçavoir où elle ſe doit terminer. Le diéze ſur le mi de la meſure ſuivante nous éclaire, & nous fait rentrer en la.

8. Le premier accord de l'octave du la, ſur le ré produit cette 9me & 7me & ſe ſauve par l'accord ordinaire ſur le fa ſuivant. Les

Les accompagnateurs font quelquefois deux accords ſur une notte, mettant un point ſur un côté de la notte, & le chiffre qu'ils annoncent ſur l'autre côté de la notte.

Ce théme eſt à la portée des commenceans, & doit ſuffire pour faire connoître ſenſiblement le miſtére du mélange des octaves qui compoſent une muſique, & combien il eſt utile de les connoitre chacune en leur particulier avant d'accompagner.

Les accompagnateurs ſçavans ne ſuivent point de meſure dans le récitatif. Il faut que l'oreille s'attache à la voix pour la ſuivre, & fournir harmonie au chant qu'elle débite: tantôt lentement, tantôt legérement, de ſorte que les croches deviennent quelqueſois blanches, & quelquefois les blanches deviennent croches par la céléтité, ſelon l'entouziaſme, & l'expreſſiòn plus ou moins outrée des perſonnes qui chantent.

De differens noms donnés aux accords de ma régle de l'octave.

PETITE SIXTE.

Ils ont donné confuſément ce nom à pluſieurs accords qui ſont differens entr'eux.

La ſeconde du ton mineur & majeur, montant & deſcendant, ſans diſtinguer que la 8te peut ſe trouver à la ſeconde du ton mineur en montant, quoique les anciens ne l'ayent point pratiquée, comme nous l'avons dit ; & la ſixiéme deſcendant, confondant indiſtinctement 3^{ce} min^{re} 4te & 6te maj^{re}, avec 3^{ce} maj^{re} 4te maj^{re} & 6te maj^{r} que l'on fait uniquement à la ſixiéme du ton mineur en deſcendant, portent le nom de la *petite ſixte*. Il y en a qui appellent ce dernier accord. Le *Triton joint à l'accord de la ſixte*, & celà avec erreur ; car cette 4te maj^{re} n'eſt point de la nature du triton qui doit être un diéze. D'autres appellent cet accord *Fausse quarte*; autre erreur qui trouble l'esprit d'un écolier qui peut dire avec raison à ce Maître : Vous m'avez enseigné que, pour faire une 5te il falloit diminuer la 5te de semiton; & maintenant, par un ordre contraire, vous m'enseignez que, pour faire une fausse 4te, il faut que j'augmente la 4te de semiton. Accordez-vous? car, si le mot de fausse diminuë l'un & augmente l'autre, c'est une contradiction. Par cette raison, quand on m'a parlé la premiere fois de la petite Sixte, je présumois qu'elle dût être mineure; mais, par contradiction, elle est majeure. D'autres ont nommé la seconde du ton, *Sufinale*.

C'est, à mon avis, un ouvrage que l'on donne à la mémoire au préjudice du bon sens.

L'accord de la troisiéme du ton 3^{ce} 6te & 8^{ve} est appellé par eux *Sixte simple*. Par d'autres *Mediante*.

L'accord de la quatriéme du ton 3^{ce} 5te & 6te indistinctement de la 3^{ce} min^{te} en ton mineur, ou de la 3^{ce} maj^{re} en ton majeur, est appellé par aucuns *Grande sixte*. Les anciens le nommoient opposition; parce que la 5te & la 6te, qui sont consonnances y sont en combustion. D'autres appellent cette quatriéme du ton *Soudominante*.

L'accord de 4te 6te & 8^{ve} masque de la cinquiéme du ton, est appellé par quelques-uns, *Bonne sixte*, & par d'autres 4te *& sixte*

L'accord de 3^{ce} & 6te qui se fait à la sixiéme du ton en montant, & à la septiéme du ton, en descendant, est nommé *Sixte doublée*, ils pourroient aussi le nommer *Tierce doublée*, car l'on double l'une des deux selon la proximité de la main. D'autres nomment cet accord *Sudominante*, &c.

En

En matiére de principes, les termes les plus ſimples, & les plus generaux ſont préférables.

A quoi bon charger la mémoire d'un écolier, & de lui déguiſer la nomination de l'exaltation de l'octave établie par ma régle. S'il ſçait à combien il eſt du ton, montant, ou deſcendant, il y doit mettre l'accord. C'eſt ce qu'il y a de plus important à lui enſeigner. D'ailleurs nos termes ſont généraux ſur tous inſtrumens, & ces autres prétendus ſont particuliérement attachez au clavier du clavecin, leſquels ſont pratiqués différemment par différens Maîtres. Pourquoi ne parlera-t'on point la même langue par tout, puiſqu'il eſt plus profitable & moins embaraſſant de le faire?

Je n'approuve point, me dit un Muſicien, que vous ayez mis au même degré de vos ſemitons, 4te maj^{e}, triton, ou 5te Il y a bien de la différence de l'un à l'autre; car l'un eſt compoſé de tant de ſemitons mineurs, & tant de majeurs; & l'autre n'en a que tant de majeurs, & tant de mineurs. Peut-être, continua-t'il, votre raiſonnement eſt-il bon pour le théorbe, mais il ne convient point au clavecin. (Autre embarras pour un écolier commençeant.) A quoi je répons, que le clavecin étant compoſé & diviſé en ſemitons comme le théorbe, ils ſont ſuſceptibles du même raiſonnement. A l'égard de vos ſemitons mineurs, & majeurs, je croi qu'on peut bien ſe paſſer de ces termes embaraſſans pour accompagner du clavecin, ainſi que j'ai fait; car j'ai appris moi ſeul l'accompagnement de cet inſtrument par les lumiéres du théorbe Si le clavecin étoit diviſé en quarts, demi-quarts, ou commas, je garderois le tacet, d'autant que je ne ſuis point Mathématicien.

Raiſonnons donc ſur chacun de ces trois termes qui

ſont au même degré des ſemitons chacun en leur particulier.

Il eſt de l'ordre, à ce que je m'imagine, de nommer 4 te maj re comme vous faites aux chiffres de la 2 de 3 ce 6 te & 7 me.

Ce qui fait la différence de ces trois termes en queſtion, c'eſt, les camarades qui les accompagnent, & l'exaltation de l'octave où ils ſe font. La 4 te maj re ſe fait uniquement à la ſixiéme du ton mineur en deſcendant ſur un bémol, ou notte qui le repreſente dans les octaves qui ont des diézes à la clef, & eſt accompagnée de la 3 ce maj re & de la 6 te maj re.

Le triton doit être diéze notte ſenſible de l'octave où l'on eſt, d'être chiffré d'un diéze devant la 4 te, d'être fait ſur la quatriéme du ton mineur, ou majeur en deſcendant, & d'être accompagné de la 2 de maj re & 6 te maj re & quelquefois de la 3 ce min e en ton mineur, au lieu de la 2 de maj r ; mais en ce cas le compoſiteur eſt obligé de la chiffrer avec le triton. Voyez mon traité dans l'explication des accords ton mineur art. 12. page 11.

Et enfin, le propre de la 7 eſt d'être barrée d'un trait, d'être faite ſur un diéze-ſeptiéme du ton & d'avoir pour camarades la 3 e min re & 6 te min re. Ceci a été dit dans l'explication des accords de mon Traité.

Mais à l'égard des ſemitons mineurs ou majeurs, ou comma qu'ils admettent en difference des uns & des autres, ce ſont plutôt recherches curieuſes ou ſpéculations de mathématiques que néceſſité indiſpenſable. Nous avons de grands praticiens en accompagnement, qui ne ſçavent pas un mot de mathématiques; & ces ſçavans théoriſtes de l'antiquité ne nous ont guére laiſſé de muſique recommandable par leur goût.

Un

Un grand Prince, entendant un Opera qu'on lui exagéroit être tres-sçavant, dit qu'il falloit le marier á la Sorbonne : pour moi, dit-il, la musique ne m'en plaît pas. C'est là l'écueil ordinaire de ces sçavantes musiques dénuées de goût, faites au compas, & passées au tamis de l'Algêbre.

Pour faire, par exemple, une 5te superfluë sur le fa ; ils compteront tant de semitons mineurs & majeurs qu'ils voudront : & moi, pour la trouver infailliblement sur le clavecin, je compte ainsi par semitons. Je mets le premier doigt de la main gauche sur le fa ; & sur lui-même que je laisse, je mets le premier doigt de la main droite commençant à compter mes semitons, *Unißon*. Sur le fa diéze, *Seconde mineure*. Sur le sol, *Seconde majeure*. Sur le sol diéze, *Tierce mineure*. Sur le la *Tierce majeure*. Sur le si bémol, *Quarte*. Sur le si, *Quarte majeure*. Sur l'ut, *Quinte*. Et sur l'ut diéze, *Quinte superfluë* : parce que son degré est 6te min[te] ainsi que je l'ai dit dans mon Traité article 22. page 14.

Il n'y a point d'accords superflus ou diminués sur le clavecin que je ne trouve par le moyen de ce décompte qui est bien moins embarassant, selon mon sentiment, que d'aller inutilement se casser la teste avec les semitons mineurs, & majeurs. Pour moi, je ne cherche qu'á ouvrir une voye simple, & facile, & même á la portée des génies les plus médiocres.

Quelques observations. Quelqu'habile que l'on soit, on n'accompagne point du premier coup d'œil une basse qui n'est point chiffrée : parce qu'on ne peut deviner l'intention de l'autheur qui s'écarte á son gré de la route ordinaire de l'octave, qu'aprés l'avoir executé au moins une fois.

Autre. Quelques modernes, entr'autres M. Clerambault, donnent un petit trait aux ſixtes majeures & autres de leurs chiffres. Cette invention peut être profitable, d'autant qu'elle tend á prévenir l'accompagnateur qui pourroit ètre en doute. Pluſieurs à leur gré inventent tous les jours quelques nouvelles maniéres de chiffrer, qui doivent donner de l'attention : il ſeroit á deſirer qu'on pût ſe concilier tous & de convenir d'une ſeule maniére.

Je demandai derniérement à deux Muſiciens la 7me diminuée du la bémol. Ils la cherchérent vainement ; je leur diſois toujours, ce n'eſt point cela : & je leur dis enfin qu'elle étoit impoſſible, parce qu'elle ne ſe fait que ſur un diéze & non ſur un bémol. Voyez dans mon Traité page 15. art. 25. Un des deux ſoutint qu'il la trouveroit par le moyen de certaines combinaiſons de commas. Qui demandera la 2de ſuperfluë de l'ut diéze, aura la même impoſſibilité, parce qu'elle ne ſe fait que ſur un bémol ſixiéme du ton mineur. Voyez mon Traité page 14. art. 24.

Autre. Remarquez que naturellement, l'ut, le fa & les bémols produiſent leurs 3ces & 6tes majres, & au contraire le ſi, le mi & les diezes produiſent leurs 3ces & 6tes minres.

Autre. La 2de minre chiffrée eſt fort rare ; on y met ordinairement un bémol pour la rendre mineure. Mr Clerambault en met une dans la troiſiéme ariette de ſa Cantate de Pirâme & Tisbé, qui convient fort bien au ſujet triſte qu'il y exprime.

Autre. Le bécarre eſt mixte, d'autant qu'il peut hauſſer, ou baiſſer la notte de ſemiton. Si une Muſique eſt, par exemple en ſol mineur : le ſi eſt bémol à la clef. Si vous

vous rencontrez dans le courant de la piéce, un bécarre sur ce même si, il rend la notte naturelle, la haussant de semiton. Si une musique est en sol majeur; il y a un diéze à la clef sur le fa: & si dans le courant de la piece, il se rencontre un bécarre sur ce fa, il rend la notte naturelle, en la baissant de semiton.

Je n'ai pas fait les points d'orgue aussi longs qu'ils sont dans mon traité, crainte de dégouter les commenceans; c'est pourquoi on y aura recours quand on sera bien initié dans ces premiers accords.

Le Théorbe a sa difficulté dans les mouvemens legers & dans les batteries de viole, & quoiqu'elles soient plus possibles sur le Clavecin, je ne les y estime point. Mrs Bernier, Clerambault & autres ont déterminé leur gout & leur volonté par des basses, & contrebasses particuliéres, ou par des queües sur les maitresses nottes qui doivent porter harmonie. Ces observations doivent enseigner les accompagnateurs de préférer le fond d'harmonie à la quantité de nottes qui ne conviennent qu'à l'archet: c'est un avantage d'ailleurs pour les mains qui n'ont pas une exécution très-habile.

L'harpégement des accords sur le Théorbe supplée merveilleusement dans l'abbréviation des basses de mouvement. C'est pour cette raison que je donne ordinairement, ainsi que je l'ai dit, une douzaine de leçons de Guitare à ceux qui se destinent à l'accompagnement du Théorbe. Sa facilité procure en peu de tems le toucher.

ACCOMPAGNEMENT DE LA GUITARE.

Cet instrument se raisonne comme le Théorbe. Toutes les nottes de musique, pour la basse continuë ſe trouvent ſur la cinquiéme, quatriéme & troiſiéme corde. Il y a une maniére d'harpéger les accords en touchant, avant la batterie, la notte eſſentielle du poulce, & remontant les cinq cordes des autres doigts. Ce qui rend l'accompagnement de cet inſtrument très-facile, c'eſt qu'il n'eſt pas beſoin de deſcendre la main au bas du manche pour y chercher le degré de la notte comme au Théorbe: On va de la troiſiéme corde à la cinquiéme corde. On ne doit pas ſe piquer pour l'accompagnement de cet inſtrument, de monter du ton grave à l'aigu. Il ſuffit que la verité de la notte y ſoit:& nous voyons même que, ſur le clavecin, où le ton grave, & aigu ſont poſſibles, les accompagnateurs, par plaiſir ou par indifférence, prennent un degré pour l'autre. Quand les habiles n'y doublent pas leurs parties de la main gauche dans le récitatif, au moins ils doublent leur notte eſſentielle par une octave de la même main gauche. Dans les grandes muſiques, l'on y met une contre-baſſe, ou l'on s'en paſſe. Cette indifference, étant rendüe ſuportable aux oreilles, donne une grande facilité pour accompagner tout ſur cet inſtrument, & pour connoître ſur cinq cordes, en très-peu de tems, toute l'étendüe de l'harmonie auſſi parfaitement que ſur un Orgue, ou Clavecin.

Accord du Théorbe à ouvert.

Petit jeu à la Maltot.								Grand jeu.					
6	5	4	3	2	1ere	7	8	9	10	11	12	13	14
la	re	ſol	ſi	mi	la	ſol	fa	mi	re	ut	ſi	la	ſol
5	4	3	2	1ere									
Guitare.													

SYSTEME

Théme du ré sur la Guitare.

1	2	3	4	5	6	7	8	9	10	11	12
♭3 8 5	2 4	♭3 5	♭3 8 5	4 8 ♭6	×3 8 5	×3 ♭7 5	4 8 ♭6	♭3 ×6 4	2 ×7 4	♭3 8 5	2 ×6 ×4

SYSTÉME DE LA GUITARE.

Quand on fait accord ſur la troiſiéme corde, on dit, 3ce *maj.* & 6te *majre*. Et pour rendre ce ſiſtême ſemblable à celui du Théorbe, vous direz, 2de ſur la cinquiéme corde en rétrogradant (mentalement, ſi vous voulez, pour vous en ſervir en cas de beſoin)

Sur la quatriéme corde vous direz, 4te 6te *majre* & 2de *majre*. & la cinquiéme corde en rétrogradant, fera la 5te & ſur la cinquiéme corde vous direz, 4te, 7me *minre* 2de *majre*. & 5te.

Vous voyez par ce raiſonnement que nous mettons en jeu la cinquiéme, même la quatriéme corde, dans le ſiſtême de la quatriéme & troiſiéme corde : d'autant qu'il ſe trouve des occaſions où elles ſont admiſes par duplication des parties, ainſi que vous allez voir.

4te 1. Ré á ouvert ſur la quatriéme corde.
troiſiéme corde à ouvert, donne 4te maj e à lapremiére touche, & 5te á la ſeconde touche du ſecond doigt.
6te majre ſeconde corde à ouvert, donne 7me min re á la premiére touche, 7me maj re á la ſeconde touche, & 8ve à la troiſiéme touche du petit doigt.

2de majre première corde à ouvert, donne 3ce minre à la première touche, du premier doigt.

Et, pour multiplier l'harmonie, rappellez la cinquiéme corde qui dit 5te qui est bonne dans votre accord. Pour lors vous toucherez du poulce votre ré qui est notte essentielle; & vous remonterez alternativement vos autres premiers doigts, en façon de batterie, sur toutes les cordes en harpégeant; & souvenez vous de ce secret que je vous donne sur cet instrument, de choisir ainsi la notte essentielle au milieu de vos cordes du poulce, qui prévient l'accord que les autres doigts remontent. Celui qui, dans les piéces, sçaura distinguer la notte essentielle de ses accords, & la touchera ainsi, donnera toujours un beau chant, & une liaison à la basse de sa piéce, ce que peu, ou point de Maîtres n'ont encore pratiqué, ni enseigné. Notez que le petit doigt de la main droite ne doit point être de cette batterie ou harpégement; il contraindroit trop la main.

4te 2. donnée par la régle sur la troisiéme corde à ouvert.

2de majre donnée par la régle sur la premiére corde à ouvert.

Il y faudroit là 6te minre. Nous la suprimons par impuissance ou par incommodité de la main. *Autre façon.*

4te ne sert point.

6te majre sur la seconde corde, donne 2de majre à la cinquiéme touche du petit doigt.

2de majre sur la premiére corde, donne ✗ à la troisiéme touche du premier doigt. Quand vous faites cet accord de cette seconde façon, vous conservez vos doigts pour l'accord suivant.

3. Le second doigt va faire l'ut dieze, & vous touchez ces trois cordes. Pour décompter vous prenez le

le ſiſtême de la cinquiéme corde Sur la quatriéme touche
2de où eſt l'ut diéze, vous trouvez qne le petit doigt fait
3^{ce} min^{te} donnée par la 2de à la quatriéme touche : & le
5te premier doigt fait 5e donnée par la 5te à la quatriéme touche où eſt la régle. Nous ſuprimons la 6te min^{re}.

4. Comme le premier.

4te 5. Sur la troiſiéme corde, donne 6te min^{re} á la troiſiéme touche du ſecond doigt.

5te maj^{re} donne 8^{ve} à la troiſiéme touche du troiſiéme doigt.

2de maj^{re} donne 4te à la troiſiéme touche du petit doigt.

Décomptez toujours vos chiffres juſqu'à ce que vous y ſoyez parfaitement habitué.

4te 6. Sur la troiſiéme corde donne 5te à la ſeconde touche, du premier doigt.

5te maj^{re} ſur la ſeconde corde, donne 8^{ve} á la troiſiéme touche du troiſiéme, ou du petit doigt.

2de maj^{re} ſur la premiére corde, donne 3^{ce} maj^{re} à la ſeconde touche du ſecond doigt. La 5te ſur la cinquiéme corde y eſt bonne. Quand l'accompagnateur peut prévoir l'accord ſuivant, il ſe ſert d'autres doigts.

Il met le ſecond doigt ſur la 5te le petit doigt ſur l'8^{ve}, & le troiſiéme ſur la 3^{ce} maj^{te} & pour l'accord ſuivant.

7. Il ôte l'8^{ve} & met la 7me min^{re} du premier doigt, tenant les autres.

8. Comme le 5.

4te 9. Donnée pat la régle ſur la troiſiéme corde à ouvert.

6te maj^{re} donnée par la régle ſur la ſeconde corde à ouvert.

2de maj^{re} donne 3^{ce} min^{re} à la premiére touche.

Vous ne devez pas vous ſervir toujours de la cinquiéme corde dans tous les accords qui commencent par la troisiéme & quatriéme corde, à moins qu'elle ne vous soit prochaine & favorable à la main, & qu'il y ait du tems.

4te 10 donnée par la régle sur la troisiéme corde.

6te maj[re] donne 7me maj[re] à la seconde touche de la seconde corde, du second doigt.

2de donnée par la régle sur la premiére corde.

Si vous voulez y ajouter la 6te min[re] qui est bonne, la 5te sur la cinquiéme corde vous la donnera à la premiére touche du premier doigt Vous toucherez d'abord votre notte essentielle du poulce & vous harpégerez toutes les cordes, ainsi que nous avons enseigné cy-devant.

11. Comme le premier.

4te 12. Sur la troisiéme corde donne le triton à la premiére touche.

6te maj[re] donnée par la régle sur la seconde corde.

2de maj[re] donnée par la régle sur la premiére corde.

Comme tous ces accords précedens, ne se peuvent pas faire sur le sol de la troisiéme corde, on prend le sol de la quatriéme corde.

Vous formerez le point d'orgue du mi sur celui du théorbe, c'est le même ouvrage, excepté qu'à l'article 2. vous suprimerez la 6te min[re] mettant le troisiéme doigt sur la 4te & le petit sur la 2de, gardant ces deux doigts pour le ré diéze art 3

Suivez aussi le point d'orgue du fa diéze du théorbe.

Pour le systême de la cinquiéme corde, vous aurez recours à celui de la sixiéme corde du théorbe. Dans le point d'orgue du la, vous excepterez la 4te & 2de art. 2. qui se fait mieux conforme à l'harmonie d'une autre façon. *Ainsi.*

La 7me min[re] donnera 2de du second doigt & la 2de donnera la 4te du premier doigt, la 6te suprimée, vous garderez vos doigts pour l'article 3. mettant le petit doigt sur le sol diéze de la quatriéme corde, & toucherez quatre cordes suivantes.

décomptez le tout.

Vous aurez recours aux thêmes du théorbe pour l'opération des autres. C'est pourquoi nous n'en dirons pas davantage sur cet instrument qui en est un diminutif.

ACCOMPAGNEMENT DU LUTH.

Le systême du Luth différe de celui du Théorbe, quoique l'opération soit la même, d'autant que tous les instrumens qui ont des touches sur le manche sont suscéptibles de nôtre régle.

SYSTHÊME DU LUTH.

Quand on fait accord sur la quatriéme corde on dit :

3 ce *maj* re 6 te *maj* re & 8 ve.

quand on fait accord sur la cinquiéme corde, on dit :

3 ce *min* re 5 te 8 ve & 3 ce *min* re.

quand on fait accord sur la sixiéme corde, on dit :

4 te 6 te *maj* re 8 ve 4 te & 6 te *maj* re.

Composez vos accords sur les points d'orgue du théorbe & construisés vos octaves par les régles données. Nous préférons en France le théorbe au luth pour l'accompagnement : parce que les dessus du luth surpassent souvent les sujets chantans.

Observation. Il y a plusieurs sinonimes, c'est-à dire, plusieurs maniéres de faire les mêmes accords sur différentes cordes, tant sur le Théorbe, que sur la Guitare & le Luth, que l'usage & l'expérience donne.

Autre. La planche suivante contient les chiffres d'obligation & suffisans pour l'octave majeure & mineure obmis en mon Traité après le tableau d'octaves.

C'est ainsi qu'il faut que l'octave soit chiffrée dans les musiques : Il seroit ridicule de charger la notte de tous les chiffres qui sont détaillez dans mon tableau d'octaves, qui n'y ont été mis que pour instruire à fond l'écolier dans ses principes ; & ç'auroit été une énigme pour un commenceant que de lui donner les octaves chiffrées simplement comme celles cy. J'ai voulu approfondir jusqu'aux moindres racines, c'est ce que l'on doit observer.

Que d'écueils j'entrevois pour les esprits impatiens qui précipiteront leur étude ! particuliérement pour ceux qui manqueront dans le principe ; c'est-à-dire qui voudront composer leurs accords, sans sçavoir par cœur la nomination du chifre, qui est nôtre unique langage. page 8 du Traité d'accompagnement. Vous ne devez point sortir du premier théme, que vous n'ayez compris à fond nôtre opération, puisqu'elle est la même par tout. On ne doit pas lire ceci en courant comme un roman, particuliérement si on est denué de secours.

Les Maitres d'enfans de Chœur judicieux doivent exposer

exposer dans leur école mon tableau d'octaves pour procurer à leurs éleves une intelligence sensible, & prochaine, non seulement dans la maniére d'armer les clefs, mais encore dans la différence de chaque octave, & de l'accord nécéssaire audegré d'élévation, montant, ou descendant, ou de l'accord qui est substitué au contrepoint simple de la régle de l'Octave : puisque dans la composition : comme dans l'accompagnement, il ne s'agit que de sçavoir dans qu'elle octave on est du ton majeur, ou du ton mineur, & à combien du ton, pour ne point faire d'incongruité.

Maniére de transposer la Musique instrumentale.

Nous ne voyons rien de plus ordinaire dans les concerts que la nécéssité de transposer. On prie un accompagnateur ou simphoniste de transposer un ton plus haut, un ton plus bas : une quarte plus haut, une quarte plus bas, & autres intervalles, au gré ou à l'épreuve malicieuse des Chanteurs. Si on n'est pas routiné dans cet exercice, l'on y échouë le plus souvent ; & c'est une gloire, qui n'est pas commune, d'y pouvoir réussir sûrement.

Dans cette pratique, on n'a pas l'avantage de la transposition vocale, qui est de suprimer diézes, & bémols ; il faut au contraire se les rapeller tous dans le besoin. Toute la difficulté est dans le ton mineur, car le ton majeur rapelle simplement ses diezes, & bémols, en transposant ses clefs : mais le ton mineur a l'addition d'un diéze à supofer avec les diézes ordinaires à la clef, & l'addition d'un bémol avec les bémols ordinaires à la clef, dans certaines transpositions.

Nous établissons dans la musique vocale deux modeles du ton mineur qui sont ré, & la.

Les sixiémes du ton mineur montant, & descendant, y font toute l'attention.

Regardez mon tableau d'Octaves mineures : vous trouverez que le si est sixiéme majeure naturelle en montant l'octave du ré ; & que la sixiéme en descendant est précédée d'un bémol. Les cinq dernieres octaves de la même page, qui suivent ce modéle, sont pareillement configurées.

Nous les nommerons octaves *Réyennes* pour l'intelligence de cette opération.

L'octave du la, à la sixiéme en montant precedée d'un diéze, & la sixiéme en descendant est naturellement mineure. Les cinq octaves suivantes dans la même page sont pareillement cofigurées. Nous les nommerons octaves *Layennes*.

Vous connoitrez l'utilité de ces deux adjetifs que nous leur avons forgé pour soulager la mémoire.

J'ay osé forger ces deux adjectifs sans craindre la disgrace qui arriva au fameux Timothée chés les scrupuleux Lacédemoniens qui le bannirent pour avoir ajouté une seule corde á son instrument, au rapport de Zarlino, *Raggionamento* 215 *proposta XI.* qui dit.

Se gli antichi Lacedemonii scacciarono é bandirono della sua citta quel gran musico Timotheo inventore del Chromatico (come dicono) per haver solamente, nel solito istrumento, aggiunto una sola chorda. Pensate pure che se fussero a i tempi nostri Giudici di costoro, quel che farebbono ; son certo che li scacciarebbono del Mundo.

Pour tran[illegible]poser une musique qui est en ré mineur, d'une quarte plus bas, qui est la mineur, il faut que l'accompagnateur supose à la clef un diéze à la sixiéme du ton qui represente le si sixiéme majeure naturelle en en montant de l'octave du ré ; parcequ'en descendant, elle est marquée d'un bémol sixte mineure : & ainsi des autres octaves layennes. Cette supposition de diéze se fait outre les diézes nécessaires à la clef. *Exemple*

Quand on écrit de la musique en la mineur, il n'y a point de diéze à la clef : nous y en suposons un. En mi mineur, on y doit mettre un diéze seul : nous y en suposons un second pour nôtre transposition ; & ainsi que vous pouvez vous en convaincre en transposant la même musique dans les autres octaves *Layennes*

Pour transposer une musique en la mineur, d'une quarte plus haut, qui est ré ; l'accompagnateur doit supposer à la clef un bémol sur la sixiéme du ton ; parce que la sixiéme en montant est naturellement majeure, & ainsi des autres octaves Réyennes *exemple*

Remarquez que cette addition ou ſuppoſition d'un diéze, ou d'un bémol à la clef, n'a lieu que dans la tranſpoſition des octaves *Réyennes* aux *Layennes*, & des *Layennes* aux *Réyennes*: car tranſpoſer d'une octave *Réyenne* à une autre *Réyenne* ; ou d'une *Layenne* à une autre *Layenne*, il n'y a rien à ſuppoſer, ou ajoûter à la clef outre l'ordinaire. *exemples.*

Maniére de ſolfier & de tranſpoſer la muſique vocale. Siſtéme fort bref.

Pluſieurs Maîtres à chanter ſont dans l'incertitude, & dans la diſpute ſur la maniére de ſolfier le ton mineur. Les uns veulent que ce ſoit le ré, qui ſoit modéle unique ; & les autres prétendent que c'eſt le la ; mais, par leurs différentes opinions erronnées, ils embroüillent la matiére.

Ceux qui n'admettent que le ré, ſont dans la néceſſité de faire une addition, ou ſuppoſition d'un diéze à la clef dans le la mineur (qui n'en doit point avoir) pour être ſolfié par ré : & d'en ajoûter un pareillement, outre l'ordinaire, dans les octaves *Layennes* ; c'eſt-à-dire, qui ont des diézes à la clef.

ceux

Ceux au contraire qui n'admettent que le la, ſont dans la néceſſité de faire addition, ou ſuppoſition d'un bémol à la clef dans le ré (qui n'y doit point être) & d'en ajoûter un pareillement outre l'ordinaire dans les octaves *Réyenne* ; c'eſt-á-dire, qui ont des bémols à la clef.

Ces deux moyens pour ſolfier ſont également vicieux ; & l'on m'avoüera ſans doute, qu'il n'eſt point naturel de perſuader à un écolier qui a du bon ſens, d'imaginer addition, ou ſupoſition de ce qui n'eſt pas viſible, comme néceſſité indiſpenſable : & l'on conviendra que ces moyens ſont pleins d'embarras.

Il en eſt des régles, comme des machines : plus elles ſont ſimples & mieux elles valent ; Et c'eſt une vanité fondée ſur l'obſcurité de la matiére : c'eſt courir après l'os imaginaire de la fable, que de vouloir, non-ſeulement rafiner, mais encore détruire par de faux principes la régle généralement reçuë & approuvée, qui eſt de dire, ſi, ſur le diéze le plus extraordinaire á la clef, & fa, ſur le bémol le plus extraordinaire á la clef. Rien n'eſt plus ſenſible que cette régle. Ma régle de l'octave ſe rapportant à ce ſyſtême, ainſi que vous allez voir, je dis donc, par correction, que les octaves ou modulations qui n'ont ni diézes ni bémols à la clef, ſe chantent naturellement ; c'eſt-à-dire, ſans déguiſer le nom de la notte.

Ces octaves ſont au nombre de trois Sçavoir, ut majeur, ré mineur, & la mineur. Ces trois octaves ſont modéles de toutes les autres qui empruntent leur nomination.

Toutes les majeures, ſans exception, prennent la nomination de l'ut majeur.

Les octaves mineures ſont partagées entre le ré mineur, & le la mineur. Sçavoir, celles qui ont des bémols à la clef, prennent la nomination du ré mineur, ce ſont les Reyennes & celles, qui ont des diézes á la clef, prennent la nomination du la mineur. Ce sont les *Layennes*

Notez bien, que cette régle simple en général est d'autant plus estimable, ainsi que j'ai dit, qu'elle se rapporte à cette autre qui fait dire si, sur le diéze les plus extraordinaire à la clef, & fa sur le bémol le plus extraordinaire à la clef.

Dans mon tableau d'octaves, j'ai marqué la maniére d'armer les clefs de leurs diézes & bémols pour chaque octave selon la régularité indispensable; de sorte que ceux qui écrivent de la musique, sans se soumettre à ce principe, sont ignorans, ou négligens.

A l'égard des musiques dont les clefs sont dénuées de leurs diézes ou bémols nécessaires, l'expert les déchiffrera comme on fait les gothiques. C'est une bagatelle pour les érudits que de suppléer au défaut d'orthographe des écrivains; cependant ils ne laissent pas d'en rire.

On me dit derniérement, qu'un Auteur avoit écrit de la musique en re bémol mineur (octave qui ne peut être admise,) je dis que cet Auteur, pour multiplier les difficultés & rendre sa musique plus obscure, pouvoit prendre la sixte mineure de cette octave, qui est le si bémol doublé, pour y établir encore une modulation : & qu'ainsi de modulation en modulation, il pourroit mettre des bémols jusqu'aux petites Maisons. *Frustra fit per plura quod potest fieri per pauciora.* Pour écrire de la musique en re bémol mineur, il faudroit sept bémols à la clef: &, l'écrivant en ut diéze mineur, comme on le doit, il ne faut que quatre diézes. Ceux qui écrivent de la musique en sol diéze majeur, tombent dans la même faute parce qu'il faut à la clef huit diézes, & que le fa diéze y est doublé ridiculement: au lieu que l'écrivant en la bémol majeur, il ne faut que quatre bémols à la clef. Ceux enfin, qui admettent autant

tant de bémols que de diézes possibles à la clef, ne considérent pas que, dans l'exposition des douze semitons simples de la musique, il y a trois diézes, & il n'y a que deux bémols. Consultez mon Tableau d'octaves, vous trouverez à la clef jusqu'à sept diézes, & vous ne trouverez que cinq bémols.

Un Auteur a tombé dans un autre faute : ayant écrit de la musique en mi bémol mineur, & qui n'a armé sa clef que de deux bémols quand il y en faut cinq.

Il y a un ancien abus dans les Maîtres à chanter. Ils enseignent tous le ton majeur, & je n'en ai vû encore que peu qui enseignent le ton mineur. Quand les Ecoliers font un diéze, ou bémol, le hazard en décide souvent. Le seul moyen de les faire parvenir promptement, & sûrement, est de leur enseigner le ton mineur, ainsi qu'il est écrit dans mon tableau d'octaves, leur faisant pincer le diéze proche de la huitiéme du ton, & leur faisant attendrir le bémol proche de la cinquiéme. C'est le moyen d'établir une partition de chant juste & sensible ; c'est cette justesse & cette intelligence qui donne le goût ; & ç'en est la privation qui fait que d'habiles déchiffreurs de nottes, qui lisent la musique, comme on lit *maison à loüer*, chantent quelquefois sans faire plaisir, ni interesser, parce qu'ils ont été privés des leçons du ton mineur si nécessaires ; & ce défaut de justesse, que les écoliers ont malheureusement succé comme le lait de leur nourice, n'a point d'autre reméde que l'usage, & la pratique d'un instrument d'harmonie.

Il est plus aisé de sentir cette délicatesse par la voix habile, que de l'exprimer sur le papier.

Observation. On doit remarquer, que la régle de monter, & descendre le chant du ton mineur, ainsi qu'elle est établie dans mon tableau d'octaves, est simple & naturelle

Tout ce qui ne suit point cet ordre est extraordinaire; car, de la cinquiéme du ton, on doit monter par le diéze, à la huitiéme du ton: & on doit descendre par le bémol sur la cinquiéme du ton.

Or ceux qui veulent faire prendre á leur chant une route différente de ce chemin ordinaire, doivent user de beaucoup de circonspection. Il n'apartient pas à tout Compositeur d'éviter les écueils qui sont dans ces détours de chant.

Pour ce qui est de monter, par exemple (dans l'octave du ré mineur) de la cinquiéme du ton à la huitiéme par la, si bémol, ut naturel & ré notte tonique; j'en ai vû peu d'imitateurs en ce genre extraordinaire & insipide; mais il y en a plusieurs qui descendent par les diézes, les uns bien, les autres mal. Ceux, qui voudront en voir un modéle, consulteront la cantate de Mars, & Venus de M. Bernier, dans l'ariette où il dit:

L'Amour ne va point sans les Graces.

Ils y remarqueront que le ré diéze, notte sensible de l'octave du mi, porte par tout conséquence, tant sur les croches longues du chant, que sur les croches longues de la basse qui doivent porter accord. Tout y est manié avec l'habileté digne d'un Musicien sçavant.

Les Italiens quelquefois montent du si bémol brusquement à l'ut diéze, pour aller au ré notte tonique: quelquefois, de l'ut diéze, ils brusquent le si bémol pour tomber sur la cinquiéme du ton. Ce sont des élegances qui confirment ce que j'ai dit; qu'une notte sensible, en efface une autre. *autre observation*

Le diéze à la clef le plus extraordinaire en ton mineur, est toujours à la seconde du ton. En ton majeur, il est toujours à la septiéme du ton.

Le

Le bémol à la clef le plus extraordinaire en ton mineur, est toujours à la troisiéme du ton. En ton majeur, il est toujours à la quatriéme du ton.

Autre maniére Quand on voit (dans les musiques réguliérement écrites) un diéze à la clef (qui doit être fa, étant le premier qui se pose) l'on ne peut être que dans deux octaves, l'une majeure, qui est sol; l'autre mineure qui est mi, dans laquelle on apperçoit bien-tôt voltiger le ré diéze notte sensible de l'octave du mi, & ainsi des autres octaves mineures: pour le ton majeur nous avons dit que le diéze est à la clef. Quand on voit deux diézes à la clef, on est en ré majeur, ou si mineur.

Quand on voit trois diézes, on est en la majeur, ou fa diéze mineur.

Quand on voit quatre diézes, on est en mi majeur, ou en ut diéze mineur.

Quand on voit cinq diézes, on est en si majeur, ou en sol diéze mineur.

Le sixiéme & septiéme diézes appartiennent au ton majeur, les octaves du ré diéze, & du la diéze n'étant point admissibles.

Même observation pour les bémols à la clef. Quand on voit un bémol (qui doit être si, qui se pose le premier) on est en fa majeur, ou en sol mineur.

Quand il y a deux bémols, on est en si bémol majeur, ou en ut mineur.

Quand il y a trois bémols, on est en mi bémol majeur ou en fa mineur.

Quand il y a quatre bémols, on est en la bémol majeur, ou en si bémol mineur.

Le cinquiéme bémol appartient uniquement au mi bémol mineur, le ré bémol mineur n'étant point admis, ceci sera profitable

profitable pour les Ecoliers peu éclairés qui s'imaginent par abus, qu'une musique est uniquement mineure, parce qu'il y à beaucoup de bémols à la clef, ou qu'elle est uniquement majeure, parce qu'il y a beaucoup de diézes á la clef.

Ton, mode, modulation, octave ou notte tonique, sont sinonimes & signifient la même chose.

Je ne voudrois point, pour indiquer un octave, dire C sol ut, d la ré, a mi la, beccare, grand beccare, bémol, grand bémol. Ce sont termes Gaulois, & un épouvantail de chenneviére, où la raison & la nécessité n'ont point de part. Il suffit de dire, ut majeur, ut mineur; ut diéze majeur, ut diéze mineur, ré majeur: ré mineur, &c.

Ceux qui ne sentent pas la suffisance de ces termes, sont éloignés de la simplicité & du vrai, & se mettent à l'abri de l'ancien & mauvais usage dont ils se couvrent comme d'un plastron.

Les Gâmistes sont encore dans l'ancien abus de faire prononcer fa, sur les bémols accidentels; ce qui est ridicule & répugnant pour l'écolier qui a du bon sens, de déguiser sans nécessité & par privilége la nomination du bémol accidentel, & de ne pas déguiser celle du diéze; mais, pour faire sentir à ces Gamistes combien ils se trompent, donnez leur à solfier ce récitatif, pour voir s'ils diront trois fois fa, sur les trois bémols de suite. Il y aura, sans doute, de quoi rire, & de quoi les plaindre de l'aveuglement où ils sont, & qu'ils communiquent par conséquent à leurs Ecoliers. Entendez-les justifier cet abus, c'est un galimathias *obscurum per obscurius*.

Je suppose la fin d'une musique en ré mineur, & que l'auteur, à la maniére Italienne, ou autre, veut passer, par un petit prélude, en si bémol mineur.

Mon opinion est que le bémol ne change point la nomination de la notte non plus que le diéze.

APPROBATION.

AYant lû & examiné avec attention le present systême pour solfier, & attendu qu'il répond parfaitement à la régle qui fait dire, si sur le diéze le plus extraordinaire, & fa sur le bémol le plus extraordinaire, nous avons trés-approuvé qu'il faut solfier les octaves mineures qui portent des bémols à la clef, par ré: & les autres mineures, qui portent des diézes à la clef, par la. Nous avons pareillement condamné l'inutilité de dire fa sur le bémol accidentel. Fait à Paris le 25. Juillet 1729.

CLERAMBAULT, FORQUERAY, T. BERTIN.

Approbation de Messieurs Clerambault & Forqueray, Organistes.

NOus avons lû avec plaisir cette addition au traité d'Accompagnement & de Composition du Sieur Campion, que nous avons jugé très conforme à la bonne harmonie, & par conséquent, très-utile à tous ceux qui veulent accompagner de quelqu'instrument que ce soit, n'y ayant aucune Méthode aussi sensible, ni si abregée que la Régle de l'Octave, dont nous nous servons nous-même préférablement dans nos Leçons, & dans nos chiffres. Fait à Paris ce vingtiéme Juillet 1729.

M. FORQUERAY, CLERAMBAULT.

Approbation de M. Bertin, Maistre de Clavecin de Mesdemoiselles d'Orleans, & ordinaire de l'Académie Royale de Musique.

CEtte nouvelle addition au Traité d'Accompagnement & de Composition du Sieur Campion, me paroît également utile, tant aux Maitres qu'aux écoliers; je suis persuadé que les uns & les autres la recevront avec plaisir, & qu'ils conviendront comme moi, que la régle de l'Octave est la plus sûre, non-seulement pour bien accompagner, mais encore pour composer une Musique dans la perfection. Fait à Paris ce 25 Juillet 1729.

T. BERTIN.

APPROBATION.

J'Ai lû par l'ordre de Monseigneur le Garde des Sceaux, un Manuscrit qui a pour Titre: *Addition au Traité d'Accompagnement & de Composition, &c.* de M. Campion. J'ai trouvé à la fin de cet ouvrage, une Approbation honorable, de trois de nos plus grands Maitres pour l'Execution & pour la Composition de la Musique, & je ne puis douter que l'impression de ce Suplément de Principes ne soit très-utile au Public. Fait à Paris ce 4. Août 1729.

DANCHET

PRIVILEGE DU ROY.

LOUIS PAR LA GRACE DE DIEU ROY DE FRANCE ET DE NAVARRE : A nos Amez & Feaux
Conf i lers, les Gens tenans nos Cours de Parlement, Maistres des Requestes ordinaires de
nôtre Hôtel Grand Conseil, Prevôt de Paris, Baillifs, Sénéchaux, leurs Lieutenaus Civils, & autres nos Justiciers qu'il appartiendra, SALUT. Nôtre bien amé le Sieur CAMPION, Professeur-Maitre
de Théorbe & de Guitare de nôtre Académie de Musique, Nous ayant fait remontrer qu'il souhaite-
roit faire imprimer & graver, & donner au Public un Ouvrage de sa Composition, & qui a pour Titre, *Avan .r.s Pastorales, mêlées de Chansons mises en Musique, & ce qu'il composera par la suite, tant*
en Musique vocale qu'instrumentale; avec son Traité de Composition & d'Accompagnement, selon la régle
de l'Octave, s'il nous plaisoit lui accorder nos Lettres de Privilége sur ce necessaires. A CES CAUSES,
voulant favora lement traiter ledit Sieur Exposant, Nous lui avons permis & permetons par ces
P.ese te, de faire imprimer ou graver lesdi s Ouvrages ci-dessus expliqués, en tel Volume, for-
me, marge, aractere, conjointement ou separément, & autant de fois que bon lui semblera, & de
les faire vendre & débiter par tout nôtre Royaume, pendant le tems de douze années consecutives,
à compter du jour de la date desdites Presentes, à condition néanmoins, que si les diverses parties
dudit Ouvrage, Recueils, ou Piéces paroissent successivement dans le Public, elles porteront chacune une Approbation expresse de l'Examinateur qui aura été commis pour cela : Faisons déf nces à
toutes sortes de personnes de quelque qualité & condition qu'elles soient, d'en introdui e d'impression étrangere dans aucun lieu de nôtre obéïssance; comme aussi à tous Graveurs, Imprimeurs,
Libraires, Marchands en Taille-douce, & autres, d'imprimer, graver, ou faire imprimer, vendre,
faire vendre, débiter, ni contrefaire lesdits Ouvrages ci-dessus specifiés, en tout, ni en partie, ni
d'en faire aucuns extraits, sous quelque prétexte que ce soit, d'augmentation ou correction, chan-
gement de Titre, Gravûre, ou impression étrangere, ou autrement, sans la permission expresse &
par écrit dudit sieur Exposant, ou de ceux qui auront droit de lui, à peine de confiscation des exemplaires contrefaits, de trois mille livres d'amende contre chacun des contrevenans, dont un tiers à
Nous, un tiers à l'Hôtel-Dieu de Paris, l'autre tiers audit sieur Exposant, & de tous dépens, do-
mages & interests; à la charge que ces Presentes seront enregistrées tout au long sur le Registre de
la Communauté des Libraires & Imprimeurs de Paris, & ce dans trois mois de la datte d'icelles; que
l'Impression desdits Ouvrages sera faite dans nôtre Royaume, & non ailleurs, en bon papier & en
beaux caracteres, conformément aux Reglemens de la Librairie; & qu'avant de les exposer en ven-
te, les Manuscrits ou imprimés ou gravûres qui auront servis de copie pour la gravûre & impression
desdits Ouvrages seront remis dans le même état où les Approb tions y auront été données ès mains
de nôtre trés-cher & féal Chevalier Garde des Sceaux de France, le Sieur de Voyer de Paulmy,
Marquis d'Argenson; & qu'il en sera ensuite mis deux Exemplaires de chacun en nôtre Biblio-
theque publique, un dans celle de nôtre Château du Louvre, & un dans celle de notredit trés-
cher & féal Chevalier Garde des Sceaux de France, le Sieur de Voyer de Paulmy, Marquis
d'Argenson; le tout à peine de nullité des Presentes; Du contenu desquelles vous mandons & en-
joignons de faire jouïr ledit sieur Exposant, ou ses ayans cause, pleinement & paisiblement, sans
souffrir qu'il leur soit fait aucun trouble ou empêchement : Voulons que la copie desdites Pré-
sentes qui sera imprimée ou gravée au commencement ou à la fin desdits Ouvrages soit tenuë
pour dûement signifiée; & qu'aux copies collationnées par l'un de nos amez & feaux Conseillers &
Secretaires, foy soit ajoûtée comme à l'Original. Commandons au premier nôtre Huissier ou Ser-
gent de faire pour l'execution d'icelle, tous actes requis & nécessaires, sans demander d'autre permission, & nonobstant clameur de Haro, Charte Normande, & Lettres à ce contraires : CAR tel est
notre plaisir. DONNE' à Paris le huitiéme jour du mois de Décembre mil sept cens dix-huit, & de nôtre Régne le quatriéme. Par le Roi en son Conseil, DE SAINT HILAIRE. Scellé du grand Sceau de
cire jaune.

Registré sur le Registre IV. de la Communauté des Libraires & Imprimeurs de Paris, page 424. *N°* 449.
conformément aux Reglemens, notamment à l'Arrest du Conseil du 13 *Aoust* 1703. *A Paris le* 17. *Decem-*
bre 1718. *Signé*, DE LAULNE, *Syndic.*

OUVRAGES DU SIEUR CAMPION.

I Livre de piéces de Guitare rare.	15 l.
Traité d'Accompagnement par la régle de l'octave.	2 l. 10 f.
Avantures Pastoralles, mêlées de Vers, mis en Musique. rare	15 l.
Addition au Traité d'Accompagnement.	3 l. 10 f.

www.ingramcontent.com/pod-product-compliance
Ingram Content Group UK Ltd.
Pitfield, Milton Keynes, MK11 3LW, UK
UKHW021017180726
13838UKWH00004B/1566

9 782329 362939